AF497981

JEPHTÉ,

TRAGEDIE.

L'ESPRIT,

COMEDIE.

Seront repréſentées par les Ecoliers du Collége de Dijon,

Le jour de la Diſtribution ſolemnelle des Prix fondés par M. DE BERBISEY, Premier Préſident au Parlement de Bourgogne.

Les 4. & 7ᵉ. jours d'Août 1752. à une heure après midi.

A DIJON, de l'Imprim. de P. DE SAINT, ſeul Imprimeur du Roi, du College, &c.

PERSONNAGES ET NOMS DES ACTEURS DE LA TRAGEDIE.

JEPHTE', *Juge d'Israël*,	BENIGNE LEMOINE, de Dijon.
SUSANNE, *Epouse de Jephté*,	EDME-JOSEPH LAUREAU, de Savigny.
ISMERIE, *Fille de Jephté*,	EMILIEN-LOUIS MENEY, de Dijon.
OPHNI, *Grand-Prêtre*,	BERNARD MORTUREUX, de Dijon.
PHINE'ES, *Fils du Grand-Prêtre*,	CLAUDE GRIVAULT, de Talmey.
UN ENVOYE',	PIERRE MATIRON, de Pluvault.

La Scene est à Silo près du Tabernacle.

NOMS des jeunes Israëlites de la suite d'Ismerie, qui formeront les Chœurs de la Tragédie.

BENIGNE-THOMAS GUILLOT, de Dijon,
GUILLAUME FISTET, de Gevrey,
BERNARD LUCAN, de Dijon,
PHILIPPE-B. BENOIT, de Dijon,
PIERRE BRUNET, de Dijon,
GEORGE-LOUIS DAUBANTON, de Montbard.

PERSONNAGES ET NOMS DES ACTEURS DE LA COMEDIE.

M. LABOURDE, *Riche Bourgeois*,	J. BAP. HON. PROTEAU, de Pluvault.
LELIE, *Fils de Mr. Labourde*,	BENIGNE-THOM. GUILLOT, de Dijon.
PHILOXENE, *Ami & Voisin de Mr. Labourde*,	JEAN-BAPTISTE PACOT, de Dijon.
L'EVEILLE', *Valet*,	CLAUDE COURDAVAULT, de Dijon.
LEBON, *Usurier*,	PIERRE MATIRON, de Pluvault.
ANSELME, *Marchand*,	ANTOINE BARTOMEUF, de Dijon.
HEGION, *Etranger*,	BERNARD MORTUREUX, de Dijon.
JEUNES AMIS DE LELIE,	GUILLAUME FISTET, de Gevrey.
	ANTOINE BARTOMEUF, de Dijon.
	JEAN-BAPTISTE PACOT, de Dijon.

La Scene est à l'entrée de la Maison de Mr. Labourde sous un petit Vestibule.

Sous le nom de Thalie & de Melpomene diront un Prologue commun aux deux Piéces,

PHILIPPE RONZY, de Dijon,   ANTOINE BARTOMEUF, de Dijon.

Chaque Acte de la Tragédie est accompagné de Chœurs & suivi de Danses.

SUJET DES DANSES.

A La fin du premier Acte, Ismerie, Fille de Jephté, qui arrive alors à Silo avec ses jeunes Compagnes, danse avec elles en réjouïssance des victoires de son Pere.

Vers la fin du second Acte & au milieu d'une Scene une Danse exprimera les troubles & les allarmes que la crainte de la justice Divine jette dans l'ame de Jephté.

A la fin du même Acte les Compagnes d'Ismerie avec tous les Instrumens d'un Sacrifice, forment une Danse, ou plûtôt une Marche lugubre.

A la fin du troisiéme Acte les mêmes Compagnes d'Ismerie se réjouïssent en dansant, du dénouëment inattendu, qui du moins sauve les jours de leur Amie, désormais consacrée au Seigneur, & séparée du commerce des Hommes.

CHŒUR DU PREMIER ACTE.

SUSANNE, ISMERIE, & six jeunes Ifraëlites fes Compagnes.

SUSANNE.

ARrêtons-nous, chere Ifmerie,
Voilà Silo, voilà cette plaine chérie,
Du Sacré Tabernacle azile redouté :
    C'eft ici que Jephté
      Fidéle au Dieu de la victoire,
      Lui fait hommage de fa gloire,
Et que pour lui payer un tribut folemnel,
De victimes fans nombre, il couvre fon Autel.

ISMERIE.

Qu'il tarde à mon impatience
De revoir dans un Pere un vainqueur glorieux,
Depuis que de fon bras l'héroïque vaillance
Nous ramena la paix, l'abondance & les jeux,
Je n'ai pû qu'un inftant jouïr de fa préfence,
Et que de pleurs alors coulérent de fes yeux ! ...

SUSANNE.

Calmez un vain fouci, fi j'en crois votre Pere,
Ce jour, en vous donnant Phinées pour époux,
    Me rend la plus heureufe Mere,
Et vous forme, ma Fille, un fort digne de vous.
    Compagnes d'Ifmerie,
    Chantez fa gloire, & mon bonheur.

ISMERIE.

Chantez plûtôt Jephté, Sauveur de la Patrie.

UNE DES COMPAGNES.

Oüi nous allons chanter au gré de votre cœur,
Mais pourquoi féparer une augufte famille ?
Nous chanterons Jephté, fon Epoufe & fa Fille.

LE CHŒUR.

Chantons, chantons Jephté, fon Epoufe & fa Fille.

I. COMPAGNE.

Quittes tes habits de deüil,

Peuple faint , reprend ta gloire :
Refaififfant la victoire ,
Jephté de l'Ammonite a fçû brifer l'orgüeil.
CHŒUR.
Peuple faint reprend ta gloire ,
Quittes tes habits de deüil.
II. COMPAGNE.
Perdons le fouvenir de tant d'horribles Guerres :
Les lugubres fons
Des trompettes & des clairons
N'épouvanteront plus la tendreffe des Meres.
Inftrumens de la paix , organes de plaifir ,
Reparoiffez tendres mufettes ,
Qu'on n'entende que vous dans nos douces retraites :
Ou du moins fiéres trompettes ,
Apprenez à vous adoucir ,
Et ne couvrez plus nos mufettes !
CHŒUR.
Inftrumens de la paix , organes de plaifir ,
Reparoiffez tendres mufettes.
III. COMPAGNE.
A l'ombre de fes figuiers ,
A l'ombre de fes lauriers ,
Le peuple divifé par troupes
Va boire déformais la joie à pleines coupes ;
Chantons, chantons Jephté qui nous fait ce loifir.
CHŒUR.
Chantons , &c.
LA MEME.
Chantons furtout le Dieu dont la bonté fuprême,
En faveur d'un peuple qu'il aime ,
Pour lancer fon tonnerre a daigné le choifir.
CHŒUR.
Chantons Jephté qui nous fait ce loifir ,
Mais furtout le Seigneur qui daigna le choifir.
III. COMPAGNE.
Daigne encore , Dieu propice ,
Ajoûter à tes bienfaits ,
Par des nœuds éternels que ta main réuniffe
Ifmérie & Phinées :

Ce fera réunir fous un heureux aufpice,
Aux folides vertus les plus tendres attraits.

CHŒUR.
Par des nœuds éternels que ta main réuniffe
Ifmerie & Phinées.

IV. COMPAGNE.
Noble & digne ruiffeau d'une fource héroïque,
Ifmerie, à nos vœux accordant fes défirs,
Sur la félicité publique
Voudra fonder tous fes plaifirs.

CHŒUR.
Par des nœuds éternels, &c.

V. COMPAGNE.
Elle a comme fon Pere,
Ce qui fait eftimer:
Elle a comme fa Mere,
Tout ce qui fait aimer.

CHŒUR.
Daigne encore, &c.

VI. COMPAGNE.
Tranquile Phinées, qu'attends-tu ? Qui t'arrête ?
En vain je porte au loin mes regards curieux ;
Je ne vois point encor les apprêts de la fête,
Qui doit embellir ces lieux :
Tranquile Phinées, qu'attends-tu ? Qui t'arrête ?

CHŒUR.
Tranquile Phinées, &c.

SUSANNE.
Ceffez, cheres enfans, fi j'encrois à mes yeux,
Je le vois qui s'avance,
Allons, ma Fille, allons.

SES COMPAGNES.
Recevez nos adieux.

UNE DES COMPAGNES.
Allez, chere Ifmerie, & que du haut des Cieux
Sur vous de tous les biens découle l'abondance.

ISMERIE.
Ah pour vous, cheres Sœurs, je fais les mêmes vœux,

CHŒUR DU SECOND ACTE.

I. COMPAGNE.

COulez, ah ! coulez, mes pleuts . . .
Jeune & chere Ifmerie . . . ô défefpoir ! ô crime !
Quel Arrêt, quelle victime !
Arrêtons : je fuccombe à mes vives douleurs. . .
Helas, eft-il bien vrai qu'au glaive condamnée,
A de fi courts inftans fa trame foit bornée ?

CHŒUR.

Coulez, coulez, triftes pleurs,
Egalez, s'il fe peut, nos tragiques douleurs.

II. COMPAGNE.

Jeune fleur qui venois d'éclore,
Quel orage, quelle nuit
Succede tout à coup à ta brillante aurore ?
Tel l'éclair un inftant brille aux yeux, & s'enfuit.
D'une affreufe victoire
Trifte & malheureux fruit,
C'eft au trépas que te conduit
D'un pere infortuné la bravoure & la gloire !

CHŒUR.

Coulez, coulez, &c.

III. COMPAGNE.

Tu ne feras donc plus l'ornement de nos fêtes,
L'ame de nos plaifirs & de nos doux concerts.
Couvrons de cendres nos têtes ;
Changeons nos cris de joie en de lugubres airs ;
Puifque nous n'avons plus l'ornement de nos fêtes,
L'ame de nos plaifirs & de nos doux concerts.

CHŒUR.

Changeons nos cris de joie en lugubres concerts,
Puifque nous n'avons plus l'ornement de nos fêtes.

IV. COMPAGNE.

O fort jaloux !
Cruelle deftinée ! . . .
Pour la conduire à fon nouvel époux,
Nous portions dans nos mains les flambeaux d'Hymenée. . . .
Il faut de fon trépas qu'ils éclairent la pompe ! . . .

O fort jaloux
Qui nous joue & nous trompe,
La vertu ne peut donc nous fauver de tes coups?

CHŒUR.

O fort jaloux, &c.

V. COMPAGNE.

Helas, tu te flattois dans le fecret de l'ame,
Que quelque gage heureux de ta pudique flâme
Bientot mettroit le comble à tes vœux les plus doux;
Tu te flatois, qu'affis fur tes genoux,
Auffi beau que toi même, & femblable à fon Pere,
Un Fils te nommeroit du tendre nom de Mere:
O fort jaloux,
Un bonheur trop parfait arme-t-il ton couroux?

CHŒUR.

O fort jaloux!

V I. COMPAGNE.

Ange du Seigneur, arrête,
Supend le bras paternel,
Détourne le trait cruel
Qui ne frapant qu'une tête,
Fraperoit tant de cœurs du coup le plus mortel !...
Et toi, Mere défolée,
Sufanne, que fais-tu dans ce trifte moment?
Hélas à ta Fille immolée,
Pourras-tu furvivre un inftant?
Pour que ton trépas s'acheve,
Faudra-t-il quelqu'autre glaive
Que celui de ta douleur?
Accours, Ange du Seigneur,
Vole promptement, arrête,
Détourne le trait cruel
Qui ne frapant qu'une tête,
Fraperoit tant de cœurs du coup le plus mortel.

CHŒUR.

Accours, Ange du Seigneur, &c.

CHŒUR DU TROISIEME ACTE.

I. COMPAGNE.

Qu'ai-je entendu ? Quel Oracle ?
Un si flateur espoir nous seroit-il permis ?
Sacré Pontife, organe à l'Esprit saint soumis,
Ophni, qu'annonces-tu ? Croirai-je ce miracle ?
A l'antique Juda ce Sauveur tant promis,
Pour se former d'un corps le vivant Tabernacle,
Fera choix d'une Vierge inconnuë aux mortels,
Souftraite à leurs regards, & voiiée aux Autels ! ...
Tomberoit-il sur toi, trop heureuse Ismerie,
    Ce choix sublime & si digne d'envie ?
Ne pleurons plus sur elle : ah plûtôt, cheres Sœurs,
    Avares de nos pleurs,
    Ne les verfons que sur nous-mêmes....
    O dons, ô faveurs suprêmes,
Sous l'aîle du Seigneur élevée en secret,
De ses chaftes amours un Dieu sera l'objet ;
    Eft-il Sceptres ou Diadêmes,
Qui puiffent balancer un bonheur si parfait !

CHŒUR.

O dons, ô faveurs suprêmes !
Un Dieu de notre amour veut bien être l'objet :
    Eft-il Sceptres ou Diadêmes,
Qui puiffent balancer un bonheur si parfait !

II. COMPAGNE.

Que la Religion effuye enfin nos larmes,
    Et que la joye ait son tour :
    Triftes foupirs, vaines allarmes,
Fuyez, & gardez-vous de foüiller ce beau jour !
Comme vous, chere Sœur, écoutant le Grand-Prêtre,
Je fentois que mon cœur s'échauffoit à sa voix :
J'éprouvois les tranfports que vous faites paroître,
Heureux, disois-je, heureux, dont le Seigneur fait choix.

CHŒUR.

O dons, ô faveurs suprêmes, &c.

III.ᵉ COMPAGNE.

Que le charme eſt doux qui nous lie
A l'objet du vrai bonheur !
Quand on contemple ſon Auteur,
Qu'aiſément le monde s'oublie ?

CHŒUR.

Que le charme eſt doux qui nous lie
A l'objet du vrai bonheur,
Qu'aiſément le monde s'oublie,
Quand on contemple ſon Auteur !

IV. COMPAGNE.

Raproché de mon Dieu peut-il me plaire encore,
Ce monde que j'adore ?
De folles amours,
Objet périſſable ;
De triſtes retours,
Source déplorable ;
De tableaux mouvans,
Riante ſurface ;
Sa beauté, ſa grace
N'a que des inſtans ;
Et bien-tôt s'efface,
Sous l'aîle du tems.
Mais de l'Etre ſuprême, Auteur de la nature,
Les doux, les immortels attraits
Des ans multipliés ne craignent point l'injure,
Et ne s'effaceront jamais.

CHŒUR.

Que le charme eſt doux, &c.

V. COMPAGNE.

Heureux le cœur iſolé,
Qui concentre dans Dieu ſon amour & ſa crainte ?
Jamais par aucune atteinte,
Son repos n'eſt ébranlé :
Que ſur cette mer du monde,
L'air s'allume, le vent gronde,
Au ſein des flots mutinés ;
Celui qui ſur Dieu ſe fonde,
S'endort au fracas de l'onde
Et rit des vents déchaînés.

CHŒUR.

En vain le tonnerre gronde
Au sein des flots mutinés :
Celui qui sur Dieu se fonde,
S'endort au fracas de l'onde,
Et rit des vents déchaînés.

VI. COMPAGNE.

C'est Dieu, dont la main bienfaisante
A tissu du Soleil la robe étincelante :
Lui qui donne aux fruits leurs saveurs,
Leur parfum, leur éclat aux fleurs,
L'être & la vie à tout ce qui respire ;
Aux vœux d'un foible humain ne pourra-t-il suffire ?

CHŒUR.

A contempler son Auteur,
Qu'aisément le monde s'oublie !
Que le Charme est doux qui nous lie
A l'objet du vrai bonheur !

L'intervale des Actes de la Comédie sera marqué par différentes danses arbitraires.

Danseront, Louis Meney, Claude Grivault, Pierre Matiron, Benigne Guillot, Guillaume Fistet, Claude Courdavault, Jean-Baptiste Pacot, Honoré Proteau, Claude Versey, Benigne Benoit.

Les deux Piéces seront suivies de quelques Scénes en Vers latins, où des Bergers de Vantoux, de Belleneuve, & des environs de Dijon, après avoir témoigné leur vive douleur de la maladie de M. DE BERBISEY, finissent par se réjouir du retour de sa santé. Foible image des Scénes touchantes qu'ont donné dans les premiers mois de cette année, d'un côté la reconnoissance de toute une Ville, attendrie & allarmée, & de l'autre la fermeté & la générosité d'un Sage, qui, jusques dans sa maladie, oubliant ses propres douleurs, ne songeoit qu'à essuyer les larmes des malheureux, en mettant le comble à tant de bienfaits, qu'il n'a cessé de leur prodiguer pendant toute sa vie.

DE AMISSA ET RESTITUTA
D. D. DE BERBISEY VALETUDINE:
SCENÆ DRAMATICÆ :

Agent Paftores Bellanovani, Ventufiani & Divionenfes.

SCENA I.

TITYRUS, Paft. Vent.   *ALEXIS, Paft. Div.*

TITYRUS.

MIrabar quid triftis hiems fe tardius iftis
Efferret terris, & amœni menfibus anni
Cedere cur tandem tanto poft tempore nollet :
At tu fi verum narras, fi corpore languet
Ægroto, iftorum Præfes Dominufque locorum,
Nil miror languere dies & tempora veris.

ALEXIS.

Ah nimis ex vero, nimis heu comperta loquebar !
Hinc ego longinquas, alioque à Sole calentes
Ecce peto terras, patriis fponte exul ab oris,
Quas nempe ira poli, quas & fata impia tangunt,
Ni mentem Superi mutent, irafque remittant.

TITYRUS.

Quamquam audire grave eft, ni te piget, ordine nobis
Hofpes, cuncta refer, caufas & femina morbi,
Morbi quo dudùm noftra eft extincta voluptas,
Spefque omnis cœpit retro collapfa referri.

ALEXIS.

Triftitiâ quamvis animus luctuque refugit
Hæc meminiffe, tamen, pofcis quæcumque, docebo ;
Immemor ætatis, brumalis & immemor auræ,
(Horrida namque truces fpirabant frigora cori)
Ille aris Superûm cultor dum fervidus hæret ....
(Hic pietatis honos ! ea vobis præmia Divi

Heu , heu digna fatis , potuere & jufta videri !)
Collecto fenfit tentari frigore corpus :
Hinc morbi labes : nec longum tempus , & imas
Febris iit venas , triftique incanduit æftu :
Extunc ora cibis , oculi caruere fopore.
Qui fimul ad trepidas pervenit nuncius aures ,
Continuò audiri gemitus , & trifte dolentûm
Jactari voces : Superos in vota vocare
Ardet quifque , falus tanquam fua merfa profundo ,
Aut quafi ab ægroti fluitet fufpenfa falute ,
Ifte dolor fummofque gradus pervafit & imos.

TITYRUS.

Quid mirum , ille dolor fi fe diffundat ad omnes !
Communi luctu communem nempe parentem
Deflent ! Ah lacrymis ne fit pudor aut modus ! . . at quis
Quis novus huc greffum paftor molitur ? . . . ut ille
Triftitiam lacrymis , geftu , totoque fatetur
Corpore ? quidve dolens huc greffum turbidus infert ?

SCENA II.

DAPHNIS , Paftor Bellonovanus cum aliis duobus.

DAPHNIS.

OCcidimus miferi , jam gaudia noftra fepulta . . .
ALEXIS.

Quid portas ? quid ais ?

DAPHNIS.

Burgundi gloria ruris
Ille , ille ante alios vobis dilectus , & ipfis
Numinibus prope par , Phœbi Themidifque facerdos . . .
ALEXIS.

Vivit adhuc ?

DAPHNIS.

Vivatne , an triftibus occubet umbris ,
Incertum : certè fpes nulla aut parva falutis
Jam fuper : hoc ipfi cecinêre Machaones , arte
Major , opem ni quis Deus afferat.
ALEXIS.

Ergo peribit

Hic nobis, dudum quem nobis regia Cœli
Invidet, hunc meritâ Superi donare quiete
Nempe volent . . . Procul hinc, procul ergo faceſſte luſus;
Ah procul hinc Calamique leves & garrula fruſtia
Fiſtula, non ego te, fontis projeẟus ad oram,
Non dulces poſthac verſus reſonare docebo.

TITYRUS.

O domus, ô horti, tuque ô Ventuſia ſylva,
Grata olim ſedes virtuti atque hoſpita Muſis,
Heu flete amiſſumque decus, columenque ſuperbum !
Ante nitebatis, ſed erat nitor omnis ab illo ;
Ante placebatis, nec ſedes gratior uſquam
Ulla fuit, ſed erat quidquid placuiſtis, ab illo.

ALEXIS.

Cur tamen heu miſeri luẟu indulgemus inani ?
Cur ſpes pulſa loco ceſſit? cur denique divos
Averſâ noſtras ſpreturos aure querelas
Credimus? anne adeò Superûm intraẟabilis ira eſt ?
Quin potiùs, quà fas, obnitimur, & prece multâ
Conamur, gemituque pio, extorquere ſalutem
Tam cari capitis?

TITYRUS.

Placet, ah placet! immò ego charam
Ante alias aris voveo jugulare bidentem,
BERBISÆI ægro cedat ſi corpore morbus.

ALEXIS.

Nil ego, nil dubitem tenerum maẟare juvencum,
Spem gregis!

DAPHNIS.

Ah nunquam tanti mihi vel ſit ovile
Vel domus, aut quæcumque ſuper mihi ſummma dierum,
Ut dubitem iſta Viri pro tanti impendere vitâ !

TYTIRUS.

Sic voveo, Superi !

DAPHNIS.

Sic nos quoque, ſumme, vovemus
Juppiter, inſertiſque pedis juramus.

ALEXIS.

At unde,

Curve leves refonant lætum pæana cicutæ?
Auditis?

DAPHNIS.

Quid enim effe rear? Quæ gaudia portant?

TITYRUS.

Fortunate omen, Superi, facilefque favete!

ALEXIS.

Miror ego magis & mentem dolor acriùs urit;
Effe poteft pectus noftri ufquam immune doloris?

SCENA III.

Paftores Divionenfes tres in Agrum Ventuf. recèns advecti:

THYRSIS, ÆGON, DAMŒTAS, &c..

THYRSIS.

S Iftite jam lacrymas pueri: fat corda dolori
Indulfere, juvat lætos decerpere flores
Nunc tandem, & lætas capiti impofuiffe corollas.

ALEXIS.

Dic priùs, ifta vocas cur nos ad gaudia?

THYRSIS.

Vivit.

Vivit io! fofpes, mediâque à morte receptus,
Quem velut amiffum jam plorabamus, & ipfi,
Ut video, ploratis adhuc.

ALEXIS.

Vigilo fatis? aut vos.

An credam noftrum fpe falsâ eludere amorem?

THYRSIS.

Nil fallo, nec vana fides, abfifte timendo
Indubitare meis atque horum plaufibus.

ÆGON.

O fi

Diviadum in lætam nunc vos ferat impetus Urbem,
Ut vos illius facies hilarata bearet!
Ufque adeò in cunctis fervent bona gaudia vicis!
Poftquam fe longo folverunt mœnia luctu

Diviadas juvat ire, juvat perrumpere in ædes
Nempe redonati tandem salvique parentis,
Ut videant, ut sollicitum testentur amorem.

THYRSIS.

Nec vidisse satis : turba hunc circumflua passim
Quà fert-cunque pedem, studiis certantibus ambit ;
O bona lux ! ô & niveo signanda lapillo ?
Sic cuncti ingeminant, converso in gaudia luctu.

TITYRUS.

Quas vobis, Superi, grates, quæ dona feremus ?

ALEXIS.

An visa hæc vobis, an tantùm audita refertis ?

THYRSIS.

Visa quidem, & visu vix tandem corda beato
Expleri potuere : alacres agitare choreas
Hi gaudent, festas alii, quæ maxima turba est,
(Pectoris incensos signantes ignibus ignes)
Accendunt faculas : ignita hastilia cœlo
Ignitique volant spiris lucentibus angues.

DAMŒTAS.

At mihi præ cunctis placuit memorabile carmen
Quod pendere notis inscriptum grandibus, alti
Fronte super tecti voluit generosus Amyntas, *
Vicino applaudens Vicinus, amicus amico,
Versus ille etiam scriptos dictante camœnâ
Mercurio portare dedit quo nurtia tanti
Fama boni in cunctas sese diffunderet oras.

ALEXIS.

Ergo redi, notosque refer mea fistula cantus !

TITYRUS.

Qui nostras mulces zephiro jucundius aures
Dic age, quis tandem medicinam fecerit ægro,
Hiccine mortalis, divino an sanguine cretus ?

THYRSIS.

Huic ego crediderim Phœbum Themidemque dedisse
Auxilium, Themidis qui nempè & gloria Phœbi est.

DAMŒTAS.

Plus tamen immixtas miserorum planctibus, ipse

* D. Richard de Ruffey, Curiæ Monetalis Præses, qui eleganti epigraphe in antica ædium
parte suspensâ, festis ignibus, & versibus suavissimis, vicino & amico soteria persolvit.

Crediderim valuisse preces , hinc Pharmaca robur
Credo habuisse suum tandem , morbumque fugasse.
ÆGON.
Vive diù felix per quem felicibus esse
Tot , totiesque datum , vincas & Nestoris annos ,
Tu cui nulla dies benefacti immunis abivit !
ALEXIS.
Vive diù felix sancti venerande Senatûs
Et princeps olim & gentis tutela togatæ ;
Possis ô totidem vivendo vincere sæcla ,
Quot tu perfugium miseris , atque ara fuisti.
TITYRUS.
Vive & ad ista refer te squalida prata , virebunt
Ilicet , & nullo surgent de semine flores.
ÆGON.
Hæc loca si quando repetes , sedemque relictam
Pierides aderunt , aderit revocatus Apollo.
THYRSIS.
At nobis socii quæ segnis inertia dextras
Atque pedes vincit , quin composito orbe , choreas
Plaudimus , atque agili signamus gaudia plantâ ?
ALEXIS.
Nos certè assiduas juvat exercere choreas
Quos BERBISÆI si pristina munera dudum
Gratos esse jubent , & mox ventura jubebunt.

Scena est in Agro Ventusiano.

LES BERGERS DE VANTOUX.

CHANSON PASTORALE.

DE nos Hameaux fuyez , alarmes ;
Renaissez , innocens plaisirs.
Celui qui causa nos soupirs ,
De ces Côteaux fera les charmes.
   Justes Cieux ,
   Dans ces lieux
Ramenez l'Ami des Dieux.

Tandis que près de ces Rivages
Vous bondirés, tendres Agneaux ;
Chantez, Bergers, fur vos Pipeaux,
Dites, Oifeaux, par vos ramages :
    Juftes cieux,
    Dans ces lieux
Ramenez l'Ami des Dieux.

Voyez-vous au loin ces Campagnes
Etinceller de mille feux ?
Entendez-vous ces cris joyeux,
Dont retentiffent nos Montagnes ?
    Juftes Cieux,
    Dans ces lieux
Ramenez l'Ami des Dieux.

Dieux bienfaifans, qui faites naître,
Et l'émail & l'or dans nos champs,
Dépoüillez-les de vos préfens,
Mais rappellez y notre Maître.
    Juftes Cieux,
    Dans ces lieux
Ramenez l'Ami des Dieux.

Mais je l'aperçois ; il s'avance,
Il parle & fourit tour à tour,
Devant lui voltige l'amour,
Guidé par la reconnoiffance.
    Volez ris,
    Lieux chéris,
Que vous êtes embellis !

Riants Bofquets, Jardins, Prairie,
Exhalez le plus pur encens ;
Flore & Zephire, dans fes fens
Portez le Baume & l'Ambroifie :
    Dieux charmans,
    De fes ans
Rapellez le doux Printems.

Chalumeaux , Tambourins , Mufettes ,
Flutes , Hautbois , ranimez-vous ;
N'entendez , Echos de Vantoux ,
Que Danfes & que Chanfonnettes.
Jour heureux ,
Si nos Jeux
Peignent bien nos tendres vœux !

PERSONNAGES ET NOMS DES ACTEURS
DE LA PASTORALE.

TITYRE,	FISTET.
ALEXIS,	LUCAN.
DAPHNIS,	BENOIT.
DAMŒTE,	GUILLOT.
THYRSIS,	BRUNET.
ÉGON,	DAUBANTON.

Dira le Compliment à M. DE BERBISEY,

COURDAVAULT.

Les pas des Danfes ont été réglés par Mr. VILLETE le Picard.

COMPLIMENT

A M. DE BERBISEY,

SUR LE RETOUR DE SA SANTÉ.

IL eſt donc vrai : le Ciel propice aux malheureux,
Au gré de leurs ſoupirs enfante les miracles !
Oüi, c'eſt pour dégager la foi de ſes oracles,
BERBISEY, que le Ciel te redonne à leurs vœux.

Rougirois-tu de leur devoir la vie ?
Ce qu'ils ont fait pour toi, tu l'avois fait pour eux :
A combien d'Orphelins, ſans tes ſoins généreux,
A combien d'Innocens eût-elle été ravie ?

Ils ne furent pas ſeuls à craindre pour tes jours,
Tout zélé Citoyen éprouva même atteinte :
Toi ſeul tu les voyois, & ſans trouble & ſans crainte,
Vers leurs derniers inſtans précipiter leur cours.

Mais tu revis enfin : puiſſent toujours proſpéres,
Et bien loin au-delà des deſtins ordinaires,
Puiſſent tes jours rachetés du tombeau
Te former un ſiécle nouveau !

Oüi, ſois longtems encor l'ornement de notre âge,
D'un auguſte Sénat la gloire & la ſplendeur ;
Du pauvre indéfendu le tendre Protecteur,
Des Muſes le Mécéne, & l'exemple du Sage !